Petra Fietzek

Flo und
sein starkes Team

Mit Bildern von Hans-Jürgen Feldhaus

Loewe

Die Deutsche Bibliothek – CIP-Einheitsaufnahme

Fietzek, Petra:
Flo und sein starkes Team / Petra Fietzek.
– 1. Aufl. – Bindlach : Loewe, 1999
(Lesefant)
ISBN 3-7855-3437-X

Dieses Buch ist auf chlorfrei gebleichtem Papier gedruckt.

ISBN 3-7855-3437-X – 1. Auflage 1999
© 1999 Loewe Verlag GmbH, Bindlach
Umschlagillustration: Hans-Jürgen Feldhaus
Gesamtherstellung: L.E.G.O. S.P.A., Vicenza
Printed in Italy

Inhalt

Auf Klassenfahrt

Auf der Busfahrt
nach Wiesenburg
herrscht tolle Stimmung.
Lautstark singt die 3a
Fußballlieder.
Flo, Bill und Anna
schunkeln auf der Rückbank.
Alle freuen sich riesig
auf die fünf Tage
in der Jugendherberge.
Die Klassenlehrerin
Frau Wuschel und Herr König,
der Sportlehrer,
sitzen vorne beim Busfahrer.

Herr König
trägt einen karierten Schal
um den Hals.
Er niest und niest.

„Sie prusten ja
wie ein Nilpferd",
lacht der Fahrer.

Aber Herr König lacht
überhaupt nicht.
Er sinkt immer tiefer
in seinen Sitz.

Sein Kopf brummt,
und beim Husten
tun ihm die Ohren weh.
So eine blöde Erkältung!

11

Dabei will Herr König
doch mit der 3a
jeden Tag Fußball trainieren,
denn am Samstag
soll ein Preisspiel
gegen eine Mannschaft
aus Wiesenburg
stattfinden.
Die Feuerwehr
von Wiesenburg
stiftet als Preis
die Teilnahme
an einer Feuerwehrübung.
Dabei können die Kinder
im Feuerwehrauto mitfahren
und sich vieles
erklären lassen.

12

Die Idee
zu diesem Preisspiel
hatte Frau Wuschel
von Flos Opa
bekommen.
Opa Herbert wohnt
nämlich in Wiesenburg.

Dort war er
früher Fußballtrainer.
Unter seiner Leitung ist
damals sogar eine Mannschaft
in die Bezirksliga aufgestiegen.

Die Jugendherberge
liegt auf einem Hügel
und hat einen
eigenen Sportplatz.

14

Dort kann Herr König
die 3a jedoch
am nächsten Morgen
nur kurz trainieren.
Auf einmal bekommt er
Schüttelfrost
und hohes Fieber
und muss schnell ins Bett.

Beim Mittagessen
herrscht schlechte Stimmung
im Speisesaal.

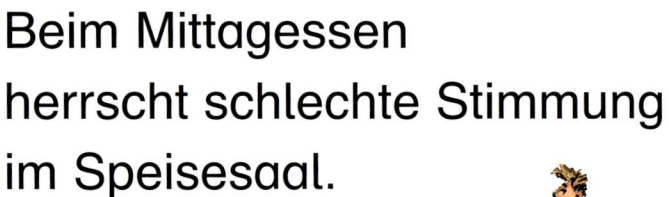

Die Klasse hat sich so
auf das Training
mit Herrn König gefreut.

16

„So ein Mist!", schimpft Bill.
„Die Wiesenburger
stecken uns garantiert
in die Tasche."

Alle löffeln missmutig
ihre Kartoffelsuppe.

„Ich hab's!",
schreit plötzlich Flo
und springt
von seinem Stuhl auf.

„Eine Spitzenidee –
Opa Herbert
kann uns trainieren!"

18

Thomas tippt sich
an die Stirn
und meint:
„So ein Quatsch!
Einen alten Opa
können wir hier
nicht brauchen."

„Opa Herbert
ist ein Supertrainer",
ruft Anna,
„der hat Flo und Martin
das Fußballspielen
beigebracht!"

Martin ist Flos älterer Bruder.
Die beiden
spielen in Berlin
bei den Gelben Blitzen.
Martin im Tor
und Flo als Stürmer.
Viele Kinder aus der 3a
kennen Opa Herbert
von seinen Besuchen in Berlin.
Flo ist total aufgeregt.

Seine Ohren sind knallrot.
„Wer ist dafür, dass wir
Opa Herbert anrufen?",
schreit er
in das Durcheinander.
Alle heben die Hand,
auch Frau Wuschel.
Nur Thomas nicht.

Der schüttelt den Kopf
und schlürft seinen Apfelsaft.

Am Telefon
muss Opa Herbert
erst mal überlegen,
ob er überhaupt
eine ganze Schulklasse
trainieren kann.
Doch Oma ruft:
„Fahr doch hin, Herbert!
Das hält dich fit!"
„Okay", sagt Opa,
„heute Nachmittag
startet das Training."
Flo strahlt und ruft:
„Es klappt!"
Die 3a brüllt vor Freude.
Nur Thomas nicht.
Der liest in seinem Comic.

22

Der Spielverderber

Pünktlich um halb vier
saust Opas Lieferwagen
auf den Parkplatz.
Dort erwartet die 3a
schon ganz gespannt
ihren neuen Trainer.
Wenig später pfeift Opa
auf der Trillerpfeife und ruft:
„Drei Runden Dauerlauf
um den Platz!"

Danach müssen
sich alle
dehnen und strecken
und anschließend
Bälle um Hindernisse
dribbeln.
Erst langsam
und dann immer schneller.

Weiter geht es mit Pass-Stößen.
Mal mit dem Innenspann
des Fußes,
mal mit dem Außenspann.
„Babyübungen“,
mault Thomas
und titscht einen Ball
um sich herum.

Flo und Lena
wählen zwei Mannschaften.
Alle Spielerinnen
und Spieler sollen
auf das gleiche Tor schießen.
Und wer steht im Tor?

Natürlich Opa Herbert!
Flo ist am Ball.
Geschickt dribbelt er
an Anna und Lars vorbei.

26

„Prima, Flo!",
schreit Opa Herbert.
Flo gibt den Ball
an Bill ab,
und Bill schießt ihn
in die rechte Torecke.
Opa Herbert
macht einen Riesensatz
und hechtet hinterher –
zu spät!

Nun hat Thomas den Ball.
Er behält ihn für sich.
Alle sollen sehen,
was er für ein Superspieler
und toller Torschütze ist.
So führt Thomas im Alleingang
lange Zeit den Ball über das Feld.
„Abgeben, Thomas!",
ruft Opa Herbert.
„Den Ball abgeben!"
Aber Thomas hört nicht darauf.

Schließlich zielt er auf das Tor
und schießt den Ball
direkt in Opa Herberts Arme.
„Schieß nächstes Mal
mit Vollspann!",
ruft Opa Herbert
Thomas zu.
Aber Thomas ist stinksauer.
„Dein Opa ist
ein doofer Meckeraffe",
sagt er zu Flo.

Auch am nächsten Tag
versucht Thomas,
den Ball meist
alleine zu haben.
Seine Mitspieler
drängt er einfach ab.
„Du bist ein
echter Spielverderber!",
schreit Flo ihn an.
„Und du bist Opas Liebling!",
brüllt Thomas zurück.

Opa Herbert im Einsatz

Am Nachmittag
laufen sich alle
auf dem Sportplatz warm.
Doch – wo ist Thomas?
Nach einer Weile
meint Opa Herbert:
„Kommt,
wir suchen ihn."
Opa Herbert
läuft mit Flo, Bill und Anna
ins Haus.
Sie suchen Thomas
im Speisesaal
und in allen Zimmern.

Aber sie finden ihn nicht.
Plötzlich hören sie
Thomas' Stimme:

„Hilfe! Hilfe!"
Das Rufen kommt
aus den Waschräumen.

Thomas hat sich
in einer Toilette
eingeschlossen
und bekommt
die Tür nicht mehr auf.

„Der Schlüssel klemmt",
jammert er von innen.

„Ruhig bleiben",
meint Opa Herbert.
„Wir holen dich gleich raus.
Du fehlst uns doch beim Fußball."
Schnell läuft Opa Herbert
zu seinem Auto
und kramt Maschinenöl
aus seiner Werkzeugkiste.
Das sprüht er
ins Schlüsselloch der WC-Tür.

„Jetzt müssen wir
aber zusammenarbeiten,
Sportsfreund",
ruft Opa Herbert
durch die Tür zu Thomas.

„Du bewegst ganz vorsichtig
den Schlüssel von innen,
und ich helfe von außen
mit einem Draht nach."

Opa Herbert dreht
von außen,
und Thomas dreht
von innen am Schlüssel.
„Durchhalten,
mein Junge!",
ermutigt ihn Opa Herbert.
Endlich macht es

klack!

Der Schlüssel hat sich gelöst
und fällt vor Thomas zu Boden.
„Wirf den Schlüssel
aus dem Fenster!",
sagt Opa Herbert.
Flo saust auf den Hof
und fängt den Schlüssel auf.

36

Nun kann Opa Herbert
die Toilettentür
von außen aufschließen.
Thomas sieht richtig verheult aus.

„Danke", murmelt er.
Opa Herbert nickt ihm zu.
„Schon gut", sagt er,
„jetzt aber ab
auf den Sportplatz!
Morgen ist euer großes Spiel!"

37

Am Abend putzen sich
Flo und Thomas
im Waschraum die Zähne.
„Dein Opa ist super",
sagt Thomas zu Flo.
Flo grinst und spritzt
Thomas nass.
Nur aus Spaß!

Starke Gegner

Am nächsten Morgen
gibt es verschiedene Probespiele.
Die elf besten Balljäger
und Torschützen der 3a
sollen am Nachmittag
beim großen Spiel
aufgestellt werden.
Die anderen sind
Ersatzspieler
und sollen ihre Mannschaft
anfeuern.
Das ist wichtig,
denn die Wiesenburger
haben Heimvorteil.

Flo, Anna,
Bill und Thomas
geben sich viel Mühe
und zeigen ihr Können.
Opa Herbert, Frau Wuschel
und Herr König treffen
schließlich die Auswahl.
Die vier werden auch
in der Mannschaft der 3a sein,
und Anna soll die Elf
anführen.

Am Nachmittag
trifft die Mannschaft
aus Wiesenburg
mit lautem Gejohle
und Geschrei ein.

Die Spielerinnen und Spieler
haben sogar eine eigene Fahne
mitgebracht.

41

Wenig später fährt
ein Feuerwehrauto vor,
und der Leiter der Feuerwehr
steigt aus.

Herr Scholz wird
nach dem Schlusspfiff
den Preis überreichen
und ist zugleich
der Schiedsrichter.

Aus Wiesenburg
kommen zahlreiche Zuschauer
zum Sportplatz:
Verwandte und Freunde
der Wiesenburger Spieler,
ein paar Kegelbrüder
von Opa Herbert
und natürlich auch Oma
mit zwei Freundinnen.

Flo läuft zu Thomas.
Die beiden schlagen einander
in die Hand.

Vor Spielbeginn
stehen beide Mannschaften
in einer Reihe und begrüßen
nach rechts und links
das Publikum.
Dann begrüßen sich
die beiden Mannschaftskapitäne.
Oje!

Der Kapitän der Wiesenburger
ist riesengroß und breit.

Anpfiff von Herrn Scholz.
Felix übernimmt den Ball.
Gleich wird er
von den Wiesenburgern bestürmt.
Er will den Ball rasch
seinem Torwart zuspielen
und trifft dabei
ins eigene Tor.
So ein Pech!

1:0 für die Mannschaft
aus Wiesenburg.
Beide Mannschaften
spielen hart.
Natürlich werden
die Wiesenburger
von ihren Fans
lautstark angefeuert.
Aber die Ersatzspieler der 3a
können auch gut brüllen.

Und am lautesten
brüllt Frau Wuschel!
Jetzt sind die Wiesenburger
am Ball.

46

Mit langen Beinen
stürmen zwei Spielerinnen
über den Platz,
tricksen Anna und Flo aus,
spielen einander den Ball zu
und schießen
ihn ins Tor der 3a.
2:0 für Wiesenburg.

„Flach spielen!",
brüllt Opa Herbert.
Die Spieler der 3a
strengen sich mächtig an,
doch die Wiesenburger
sind zäh und bärenstark.
Zur Halbzeit
steht es 3:0
für Wiesenburg.
In der Pause
werden einige Spieler
der 3a ausgewechselt.
Opa Herbert
gibt noch
ein paar Tipps,
und schon
geht's weiter.

48

Mannschaftsgeist

Nach der Pause
schinden die Wiesenburger
extra Zeit
und werden dafür
von den Ersatzspielern
der 3a ausgebuht.

Dann prescht Flo vor.

Er tunnelt den Ball
durch die Elefantenbeine
des Wiesenburger Kapitäns,
spielt ihn Lena zu,
läuft sich frei,
bekommt den Ball
von Thomas zurückgespielt
und schießt ihn
ins Tor der Wiesenburger.

50

3 : 1! Endlich!

Ein toller Konter!
Die Wiesenburger
sind verdutzt.
Wenig später
köpft Jan
den Ball
ins gegnerische Tor.
Anschlusstreffer!
3 : 2!

Die Spannung steigt.
Die Wiesenburger
werden total hektisch.
Da schießt auch noch
einer ihrer Abwehrspieler
den Ball über die
eigene Grundlinie.

„Ecke!",
brüllt Opa Herbert.
Bill übernimmt den Eckschuss.

Blitzschnell überlegt er:
„Anna steht bereit,
sie kann gut zielen
und hat viel Kraft."
Also schießt Bill
den Ball direkt zu Anna.
Sie köpft ihn ins Tor –
der Ausgleichstreffer!
3:3!

Die Wiesenburger
bolzen nur noch
nervös durch die Gegend.
Ihr Heimvorteil
hat ihnen nichts gebracht.

Noch acht Minuten Spielzeit.
Thomas ist am Ball.
Heftig wird er
von einer Spielerin
mit grasgrünen Haaren
angegriffen.

54

Flink spielt er den Ball
mit dem Außenspann
zu Jan.

Jan stoppt,
dribbelt den Ball weiter
und gibt ihn an Flo ab.
Flo führt den Ball
geschickt durch die Abwehr
bis kurz vor das Tor.

„Hier!",
schreit Thomas.
Flo spielt zu Thomas.
Thomas dreht sich
und donnert den Ball
mit einem Fallrückzieher
ins Netz.
4 : 3 für die 3a!

„Bravo, Thomas!",
schreit Opa Herbert.
Nach dem Schlusspfiff
von Herrn Scholz
stürmen die Zuschauer
auf das Feld.
Thomas und Flo
fallen sich in die Arme.
So ein hartes Spiel!

Frau Wuschel und Herr König
sind richtig stolz
auf ihre 3a.

Herr Scholz winkt
mit seinem Gutschein.
Morgen früh
startet die Feuerwehrübung,
und nachmittags
geht die Fahrt
zurück nach Berlin.
Aber nun gibt es erst mal
eine Superrakete
für Opa Herbert.

58

Die 3a trampelt
mit den Füßen,
klatscht wie wild
in die Hände.
Dann ertönt
ein so schrilles Pfeifkonzert,
dass Opa Herbert sich
die Ohren zuhält.
Anschließend rufen alle
„Aaaaahhhh!" –
und die Rakete für Opa Herbert
saust in den Sommerhimmel.

Petra Fietzek wurde 1955 in Frankfurt am Main geboren. Seit 1985 schreibt sie erfolgreich Bücher für Kinder, Jugendliche und Erwachsene, die in verschiedene Sprachen übersetzt wurden. Petra Fietzek ist verheiratet, hat zwei Töchter und lebt mit ihrer Familie im Münsterland. Ihr Fußballer Flo hat mit den Bänden *Flo, der Superkicker* und *Bleib am Ball, Flo!* die Herzen vieler Kinder erobert.

Hans-Jürgen Feldhaus wurde 1966 in Ahaus an der holländischen Grenze geboren. Nach einer Ausbildung zum Lithografen studierte er Grafik-Design und hat heute zusammen mit vier anderen Grafik-Designern ein eigenes Atelier. Hans-Jürgen Feldhaus illustriert seit einigen Jahren bei verschiedenen Verlagen Bücher für Kinder.

LESEFANT

Erstes Lesen mit Spaß

Flo ist stinksauer.
Die Großen lassen ihn einfach nicht
in ihrer Fußballmannschaft mit-
machen. Dabei kann er viel besser
kicken als sein Bruder Martin!
Doch als die „Gelben Blitze" einen
Ersatzmann brauchen, kann Flo
endlich zeigen, was er draufhat ...

Flo fiebert dem Schulfest entgegen.
Dort wird seine Klasse gegen
die 3b im Fußball antreten.
Natürlich will Flo wieder zeigen,
dass er ein Superkicker ist.
Beim Probetraining vermasselt er
allerdings jeden Ball. Flo ist drauf
und dran, alles hinzuwerfen ...

... und die tollsten Geschichten
gibt's als Sammelband